现代世界
1900年至今

全球视角 / 纵观时间 / 极简通史

无处不在的历史

[英] 亚历克斯·伍尔夫 著
[巴西] 维克托·博伊伦 绘
余蕾 译

湖南少年儿童出版社
小博集

著作权合同登记号：图字 18-2020-030

PARALLEL HISTORY SERIES: THE MODERN WORLD
Written by Alex Woolf
Artwork by Victor Beuren
First published in Great Britain in 2017 by The Watts Publishing Group
An imprint of Hachette Children's Group
Part of The Watts Publishing Group
Carmelite House
50 Victoria Embankment
London EC4Y 0DZ
Copyright ©The Watts Publishing Group,2017
All rights reserved.

This edition first published in China in 2020 by China South Booky Culture Media Co LTD, Beijing
Chinese edition © 2020 China South Booky Culture Media Co., Ltd.

© 中南博集天卷文化传媒有限公司。本书版权受法律保护。未经权利人许可，任何人不得以任何方式使用本书包括正文、插图、封面、版式等任何部分内容，违者将受到法律制裁。

图书在版编目（CIP）数据

无处不在的历史．现代世界：1900 年至今 ／（英）亚历克斯·伍尔夫著；（巴西）维克托·博伊伦绘；余蕾译． -- 长沙：湖南少年儿童出版社，2020.10（2021.5重印）
ISBN 978-7-5562-5431-6

Ⅰ．①无… Ⅱ．①亚… ②维… ③余… Ⅲ．①世界史－现代史－儿童读物 Ⅳ．①K109

中国版本图书馆 CIP 数据核字（2020）第 193902 号

WUCHUBUZAI DE LISHI·XIANDAI SHIJIE：1900 NIAN ZHIJIN
无处不在的历史·现代世界：1900 年至今
[英]亚历克斯·伍尔夫 著　　[巴西]维克托·博伊伦 绘　　余蕾 译

责任编辑：周　凌　李　炜	策划出品：小博集
策划编辑：何　淼	特约编辑：张丽霞
营销编辑：付　佳　余孟玲	版权支持：辛　艳　张雪珂
封面设计：马俊嬴	版式排版：马俊嬴

出 版 人：胡　坚
出　　版：湖南少年儿童出版社
地　　址：湖南省长沙市晚报大道 89 号　　邮　编：410016
电　　话：0731-82196340（销售部）　　0731-82194891（总编室）
传　　真：0731-82199308（销售部）　　0731-82196330（综合管理部）
常年法律顾问：湖南崇民律师事务所　柳成柱律师
经　　销：新华书店　　　　　　　　　印　刷：河北彩和坊印刷有限公司
开　　本：787 mm × 1092 mm　1/16　　印　张：2
版　　次：2020 年 10 月第 1 版　　　　印　次：2021 年 5 月第 2 次印刷
书　　号：ISBN 978-7-5562-5431-6　　定　价：150.00 元（全 6 册）

若有质量问题，请致电质量监督电话：010-59096394　　团购电话：010-59320018

目 录

引言……………………………………4
第一次世界大战………………………6
大萧条…………………………………8
第二次世界大战………………………10
冷战……………………………………12
反殖民运动……………………………14
中东冲突………………………………16
健康与疾病……………………………18
环境挑战………………………………20
科学与技术……………………………22
艺术……………………………………24
全球化…………………………………26
术语索引………………………………28

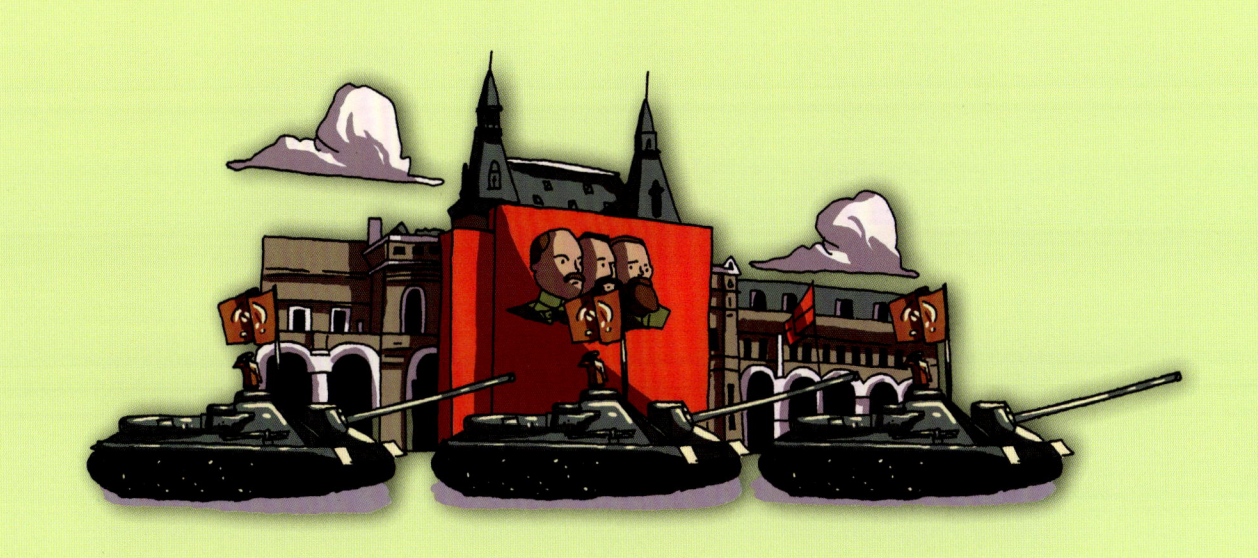

引 言

自 1900 年以来，世界发生了许多变化。两次世界大战动摇了原有的秩序。欧洲殖民大国的重要性下滑，帝国瓦解，而其他国家，如美国和中国，则日益强大。在 20 世纪后半叶的大部分时间里，世界在所谓的冷战期间分化成两大敌对阵营：以美国为首的帝国主义国家阵营和以苏联为首的社会主义国家阵营。

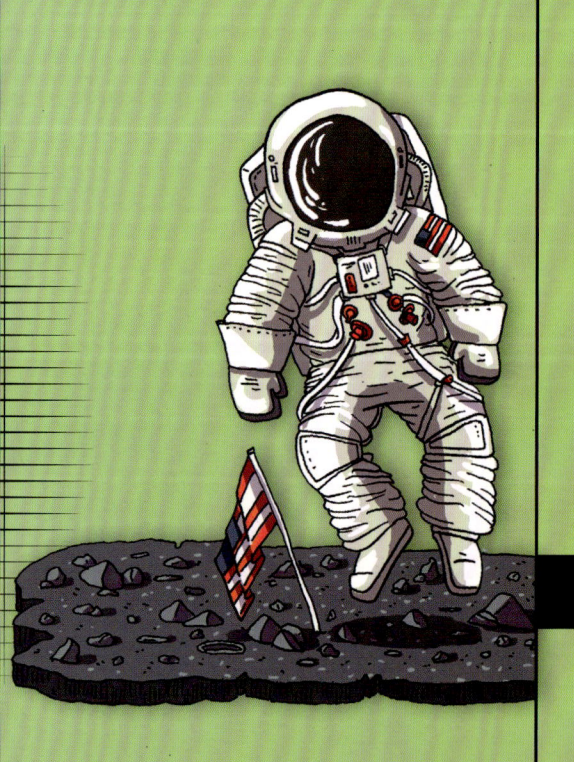

进步

现代社会实现了一些巨大的技术飞跃。动力飞行器的发明使乘坐飞机成为数百万人的日常旅行方式。人类开展太空计划，将卫星送入轨道并探测其他行星。马，曾经几千年来一直是我们的运输工具，已被汽车取代。饮食改善和医学进步使人类的平均寿命增加了将近 30 年。

1969 年，人类首次月球漫步。

全球化

大众传媒、电信、互联网和社交媒体有助于传播知识和创造更加全球化的文化。随着旅行费用的降低,越来越多的人为了寻求更好的生活而迁徙。随着资本和商品在世界各地的流转越来越容易,企业也越来越国际化。世界发展的趋势是互联互通,这就是"全球化"。

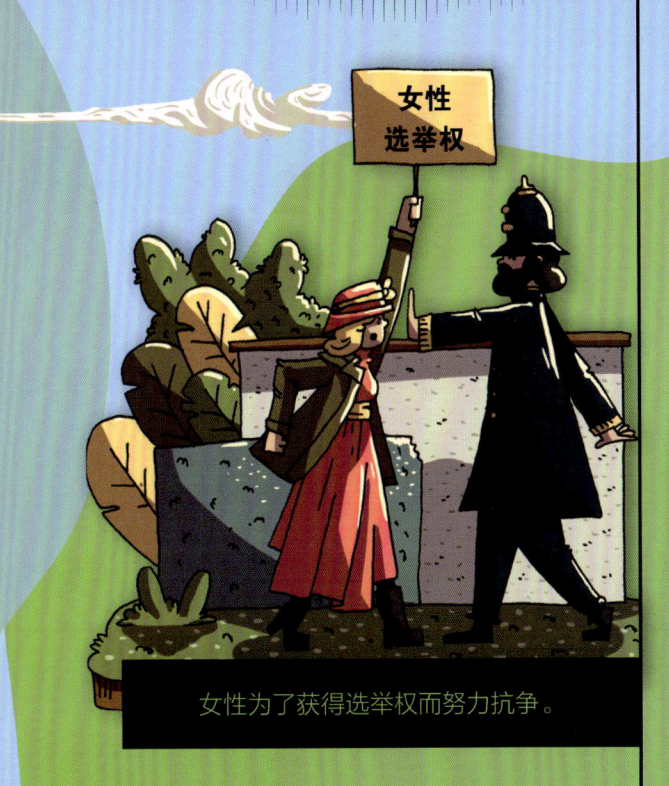

女性为了获得选举权而努力抗争。

社交媒体让人们紧密相连,无论他们身居何处。

社会变化

随着时间的推移,西方社会越来越尊重少数民族和其他群体的权利。女性为了争取与男性平等的权利而不断斗争,这些斗争一直持续到今天,特别是在那些对此持保守态度的文化中。全球化带来了社会福利,但也造成了紧张局势:一些人对外国移民的到来感到不满,许多人失业,因为那些来自工资较低国家的工人取代了他们。

冲突

随着坦克、机枪、毒气、空袭、导弹和核武器的发展,战争在现代愈加致命。两次世界大战导致数千万人死亡。虽然自 1945 年以来,没有再发生全球性的冲突,但是中东、非洲和南亚发生了许多小规模的战争。这个时代也目击了恐怖主义的兴起和极端主义组织对无辜平民的大规模袭击。

阿勒颇市,在 2011 年开始的叙利亚内战中遭到摧毁。

第一次世界大战

一战始于欧洲冲突，一方是德国、奥匈帝国和奥斯曼帝国（同盟国），另一方是英国、法国和俄国（协约国）。由于这些参战国都是帝国，战争很快蔓延到他们在世界其他地方的领地，使一战成为第一次全球性的战争。为了取胜，各国都动员了全体国民和所有资源，因此，一战也是第一次"全面战争"。

德军在坦嫩贝格战役（1914年）中击败了入侵的俄军。

士兵们必须忍受战壕里的恶劣条件。

西线

德国人在西欧与法国和英国作战。双方很快意识到，防御机枪和火炮的唯一方法就是挖壕沟。3年半以来，前线几乎没有移动过，虽然双方也试图用释放毒气、发射火炮和挖掘隧道来打破僵局。双方也曾在凡尔登和索姆河发动过重大的攻势，付出了巨大的生命代价，但取得的进展甚微。

东线

在东欧，俄国与德国和奥匈帝国（同盟国）作战。战争形势此消彼长，双方都没能取得决定性突破。1916年6月，俄国的一次反攻几乎使奥匈帝国退出战争，但也令俄国元气大伤。俄国在1917年的革命中推翻了沙皇，并于1918年3月退出了战争。

1914年9月	西线开始战壕战
1914年6月	塞尔维亚民族主义者暗杀奥匈帝国大公弗朗茨·费迪南德引发了第一次世界大战（奥匈帝国向塞尔维亚宣战，因而俄国向奥匈帝国宣战，接着德国向俄国宣战，进而法国和英国向德国宣战）
1914年11月	日本以一战为借口对德宣战，趁机攻占中国青岛和胶济铁路全线，控制了山东省
1916年7月—11月	索姆河战役，造成120多万人伤亡
1916年9月	坦克首次投入使用
1916年2月—12月	凡尔登战役，双方伤亡约百万人

1914年　　　　　1915年　　　　　1916年

意大利在 1917 年 10 月战败前，获得的领土很少，但伤亡惨重。

意大利和达达尼尔海峡

意大利于 1915 年 5 月参战，加入协约国，沿伊松佐河与奥匈帝国作战。还有一条战线于 1915 年 2 月开辟，当时协约国试图通过在达达尼尔海峡的加利波利半岛攻击土耳其军队来控制通往俄国的海路，牵制其对俄国的进攻。在这次袭击中，协约国惨败。

美国

美国总统伍德罗·威尔逊曾经承诺在战争期间保持中立，但德国潜艇不断袭击大西洋的中立船舰，使他改变了立场。1917 年 4 月，美国加入协约国作战，美军参战具有决定性的作用。到 1918 年 8 月，同盟国转入防守态势。3 个月之后，一战结束。

1915 年 5 月，一艘德国潜艇击沉"卢西塔尼亚"号，美国公众舆论反转，要求对德宣战。

1917 年 4 月 美国参战	苏俄接受了《布列斯特-里托夫斯克和约》的条款，退出了一战	德国与协约国签署了停战协议，战争结束
第三次伊普尔战役开始 **1917 年 7 月 31 日**	**1918 年 3 月 3 日** **1918 年 11 月 11 日**	中国北京爆发了声势浩大的"五四运动"，反对巴黎和会上战胜国将德国在山东的所有权益转让给日本的决议
1917 年 4 月 29 日 法军中出现首次兵变，一战中法军中的兵变超过 100 次	德国在西线的"春季会战"以失败告终 **1918 年 3 月 21 日—7 月 17 日** **1919 年 5 月 4 日**	
	贝劳森林之战开始（美国海军陆战队获得胜利）**1918 年 6 月 6 日**	

1917 年 **1918 年** **1919 年**

大萧条

20 世纪 20 年代是美国的大繁荣时期。但 1929 年 10 月，华尔街的纽约证券交易所（公司股票交易场所）崩盘，美国的繁荣时期戛然而止。由于恐慌性抛售，股票价格暴跌，华尔街崩溃，导致银行和企业破产，许多人因此失业。众所周知的"大萧条"从美国蔓延到了世界上的大部分地区。

政府开办了施粥厂为穷人提供食物。

纳粹奉行反犹主义，出台了歧视犹太人的法律。所有的犹太人都必须戴上黄色的"大卫之星"，作为区别于众人的标记。

美国

到 1933 年，大约有 1300 万美国人失业。许多人流离失所，城市的郊区很快开始出现被称为"胡佛村"的棚户区。这些棚户区以美国总统赫伯特·胡佛的名字命名，因为不少人指责胡佛是大萧条的罪魁祸首。农民们失去土地，原因是收入急剧下降，还有"大平原"上的严重干旱（北美大平原也被称为"沙尘碗"，该地区风沙侵蚀严重）。1933 年，富兰克林·罗斯福总统启动"新政"，通过建设大型公共工程项目让美国人重新就业。

德国

在欧洲所有的国家中，德国遭受大萧条的冲击最为严重。到 1932 年，德国失业人口高达 600 万。民众的不满情绪导致极端主义政党上台。1933 年，阿道夫·希特勒所在的纳粹党掌权。希特勒政权废除了民主，控制了工业。大量公共工程项目开工，一定程度上改善了德国的失业状况。

华尔街崩盘：1929 年 10 月纽约证券交易所股价暴跌　1929 年 10 月 29 日

银行和企业关门，失业率飙升，世界陷入经济萧条　1930 年

阿道夫·希特勒就任德国总理，着手夺取绝对统治权　1933 年 1 月

日本

20世纪20年代，日本经历了一系列的经济衰退，1923年一场毁灭性的地震使经济状况更加恶化，再加上日本依赖对外贸易，大萧条对日本的打击很大。为了抢占土地和自然资源以弥补国内需求，日本入侵了位于中国东北的满洲里，日本国内舆论转而反对民主政府，支持军国主义。1932年，在首相被暗杀后，一个军事独裁政府开始掌权。

1931年9月，日本军队进军满洲里。

拉丁美洲

随着美国和欧洲对拉美的咖啡、牛肉、石油和棉花等商品的需求量下降，拉丁美洲受到大萧条的严重冲击。在一些国家，包括巴西和阿根廷，经济萧条导致了法西斯（独裁主义、民族主义、军国主义）政府上台，这些法西斯政府跟欧洲某些国家掌权的政府很类似。

1930年，热图利奥·瓦加斯，一位法西斯式的领导人在巴西掌权。他镇压共产主义，并企图通过降低税收和提高进口关税来刺激工业发展。

1934年 美国经济开始缓慢复苏。瑞典是第一个完全摆脱大萧条的国家

1933年3月 富兰克林·德兰诺·罗斯福就任美国总统。当时大约1500万美国人失业，将近一半的国内银行倒闭

1934年—1936年 "沙尘碗"影响了38.85万平方公里的土地，包括俄克拉何马州、堪萨斯州、科罗拉多州、得克萨斯州和新墨西哥州的部分地区

1941年—1945年 "犹太人大屠杀"：大约600万欧洲犹太人被纳粹有计划有组织地杀害

1939年—1941年 在第二次世界大战期间，在政府大量支出的帮助下，大萧条结束了

1935年　　　　　　　　1940年

第二次世界大战

德国元首阿道夫·希特勒相信德国人民有权为了更大的"生存空间"去征服东方的土地。他开始占领土地，于 1938 年吞并奥地利。英国和法国（同盟国）被德国的扩张政策警醒，声称如果德国入侵波兰，就将向德国宣战。1939 年，德国入侵波兰，第二次世界大战爆发了。

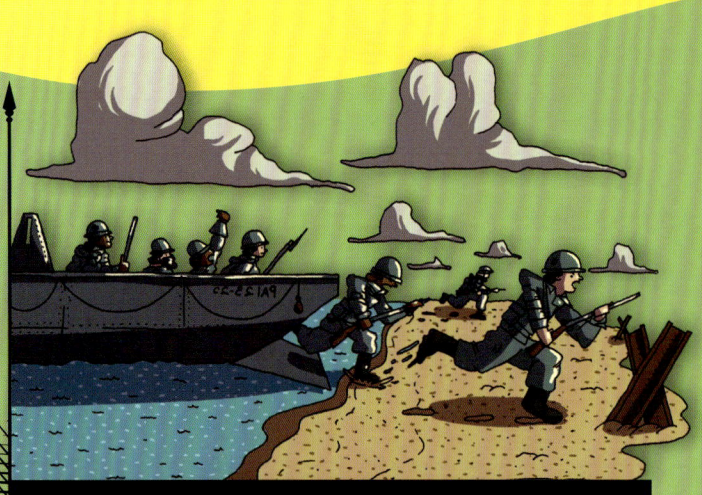

欧洲

德国发动了一场闪电战，用坦克和俯冲轰炸机对西欧发动了雷霆攻击，到 1940 年 7 月，欧洲大陆的大部分地区已在德国的控制之下，只有英国还在坚守。1944 年，同盟国（包括 1941 年参战的美国）军队登陆被德国占领的欧洲，这一行动被称为"诺曼底登陆"。同盟国军逐步把德军赶回了国内战场。德国于 1945 年 5 月投降。

同盟国军于 1944 年 6 月 6 日登陆诺曼底海滩。

苏联

1941 年 6 月，德国及其盟国（轴心国）入侵苏联。轴心国进军迅速，但他们并没有占领莫斯科，而是在三条战线上向纵深方向推进，这使轴心国部队战线过长，部队过于分散。1942 年，轴心国部队发动了新一轮进攻，但在那时，苏联已经调动了一支庞大的军队。1943 年 1 月，轴心国在斯大林格勒惨败，苏联军队开始将他们逐步逼退。

苏联士兵在斯大林格勒保卫战中挥舞着旗帜，这是战争史上最惨烈的战役之一。

德国入侵波兰，第二次世界大战开始	1939 年 9 月	
	1940 年 6 月	南非向意大利宣战
意大利军队从利比亚入侵埃及	1940 年 9 月	
	1941 年 6 月	德国入侵苏联
英国向德国宣战	1939 年 9 月	
印度国民大会党拒绝帮助英国参战，导致英国大规模逮捕国大党人	1942 年 8 月	
火炬行动：同盟国军登陆摩洛哥和阿尔及利亚	1942 年 11 月	
日本偷袭珍珠港	1941 年 12 月	

1939 年　　1940 年　　1941 年　　1942 年

北非

轴心国入侵北非,企图夺取苏伊士运河的控制权以切断中东对英国的石油供应。到 1942 年 5 月,轴心国军队距离运河仅 320 公里,但到了 10 月,一支英国军队在阿拉曼击败了他们。1943 年 5 月,轴心国军队被赶出北非。

蒙哥马利中将率领英国军队在埃及的阿拉曼战役中获得胜利。

1945 年,在美国向日本的两个城市投下原子弹后,日本最终投降。

太平洋

中国战场是二战的主战场之一。1931 年以来,日本陆续在中国各地制造事端,挑起战争。1937 年 7 月 7 日,日军发动了全面侵华战争,中国人民组成了抗日民族统一战线,举一国之力投入抗战,其中,中国共产党及其领导的抗日民族武装部队起着中流砥柱的作用。1941 年,日本在珍珠港袭击美国舰队,美国向日本宣战。1945 年 8 月初,在苏、美等盟国军队的协同下,中国进行了全国规模的大反攻,8 月 15 日,经过中国人民历时 14 年的艰苦抗战,日本宣布无条件投降,9 月 2 日,日本正式签署投降书。

1942 年 9 月—1943 年 1 月	斯大林格勒保卫战以德国战败告终
1943 年 4 月 19 日	华沙犹太人起义:在德国占领的波兰华沙,犹太人发动起义,反抗纳粹把他们送到死亡集中营
1943 年 2 月	经过 6 个月的战斗后,美国夺取瓜达尔卡纳尔岛
1943 年 7 月	同盟国军登陆西西里岛
1943 年 9 月	意大利投降
1944 年 6 月	诺曼底登陆
1944 年 10 月	莱特湾海战中,日本海军被摧毁
1945 年	印度的英国士兵和印度士兵总数达 250 万人
1945 年 3 月	同盟国军跨过莱茵河
1945 年 5 月	德国投降
1945 年 8 月	原子弹炸毁广岛和长崎
1945 年 9 月	日本投降,第二次世界大战结束

冷战

1947 年 3 月 12 日，美国总统杜鲁门在国情咨文中，提出了以"遏制共产主义"为核心的对外政策，标志着冷战的开始。"冷战"指美国、苏联及其各自盟国之间的非军事冲突状态，冷战持续了 45 年。

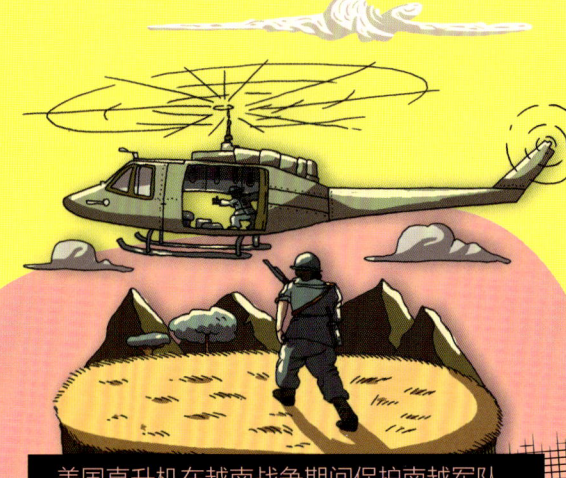

美国直升机在越南战争期间保护南越军队。

穿过莫斯科红场的阅兵游行，展示了苏联的军事实力。

苏联

1949 年，苏联试射了一枚原子弹，引发了与美国之间的核军备竞赛。20 世纪 70 年代，两国关系缓和，但 1979 年苏联入侵阿富汗再次触发紧张局势。20 世纪 80 年代，苏联领导人戈尔巴乔夫意识到苏联在经济上无法再与美国竞争，想要结束冷战，但他的自由主义系列改革造成国内局面失控。1991 年，苏联解体。

亚洲

1950 年 6 月，朝鲜内战爆发，韩国节节败退。美国宣布武装支援韩国，于 9 月 15 日在朝鲜中部登陆，很快占领了汉城，10 月越过了"三八线"，占领平壤，把战火烧到中朝边境，轰炸中国东北地区。同月，朝鲜请求中国发兵支援。10 月 19 日，中国组建中国人民志愿军开始抗美援朝作战，最终将美军赶回"三八线"以南。1953 年 7 月，各方签署《朝鲜停战协定》。20 世纪 60 年代，美国支持南越抗击共产主义的北越。随着战争愈演愈烈，美国舆论转向反战。1975 年，美国从越南撤退，一年后，共产主义政府统一越南。

- **1946 年** 丘吉尔宣布一个"铁幕"已降临整个欧洲
- **1948 年—1949 年** 柏林封锁：苏联军队封锁西柏林后，西方国家向柏林人空运食物和燃料
- **1949 年** 苏联试验其第一颗原子弹；北约（北大西洋公约组织）成立，这是一个旨在防止苏联在欧洲进一步扩张的军事联盟
- **1955 年** 华沙条约组织（共产主义国家的军事联盟）成立
- **1956 年** 匈牙利起义遭到苏联军队镇压
- **1961 年** 东德政府修建了柏林墙，将柏林城一分为二，以阻止东德人逃往更繁荣的西德
- **1962 年 10 月** 古巴导弹危机

1945 年 　　　　1955 年 　　　　1965 年

古巴导弹危机（1962年）使美国和苏联的核对抗到了爆发的边缘。当时，这场危机被描绘成美国总统约翰·肯尼迪和苏共中央第一书记尼基塔·赫鲁晓夫之间的意志力比拼。

美洲

二战后，苏联的强大以及其他社会主义国家的成立引发了美国国内深深的不安。在20世纪50年代，美国担心共产主义者已经渗透到了美国政府，许多人因受到怀疑而被解雇。1962年，美国在古巴发现了苏联的导弹基地，差点引发美苏全面战争。美国企图左右拉丁美洲的政治，支持反共组织，并在玻利维亚、危地马拉、古巴和智利等国直接采取行动反对共产主义政权。

欧洲

东欧处于冷战的前线。东德政府在柏林筑起了一道墙，以防止东德的人民逃往西德。为争取更多的自由，匈牙利（1956年）和捷克斯洛伐克（1968年）爆发了起义，但受到了残酷镇压。1989年，戈尔巴乔夫的自由主义政策带来了东欧对东西边界的开放，柏林墙倒塌。1991年，苏联解体，冷战结束。

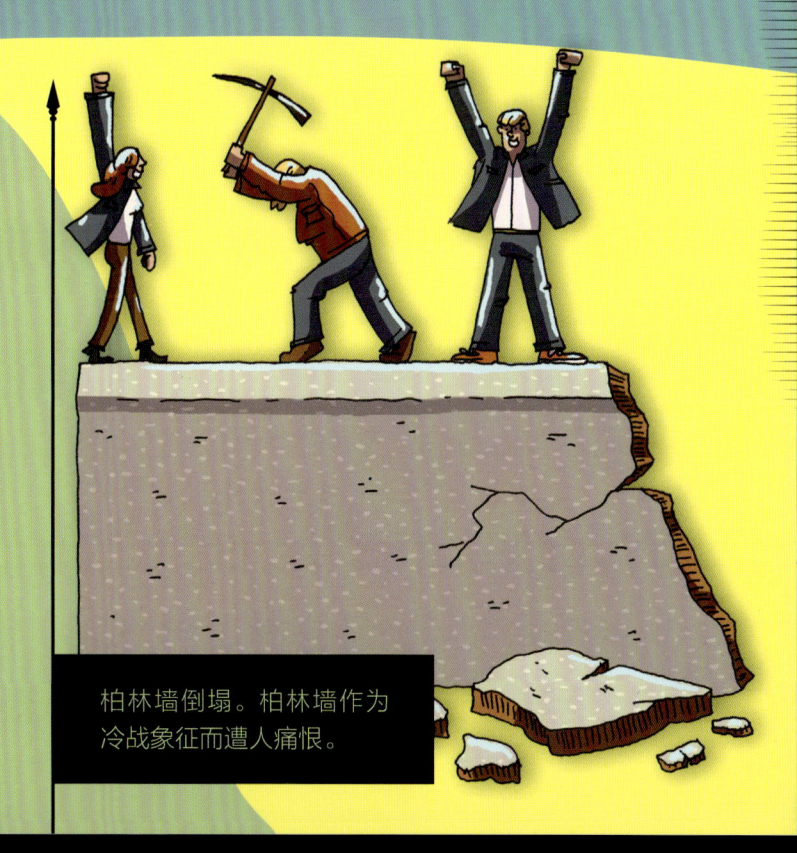

柏林墙倒塌。柏林墙作为冷战象征而遭人痛恨。

拆除柏林墙　1989年

1968年　华约军队镇压捷克斯洛伐克起义

苏联解体，冷战结束　1991年

1975年　　　　　　1985年　　　　　　1995年

反殖民运动

第一次世界大战使各殖民大国的国力严重衰退，无法维系对海外殖民地的统治，这也鼓励了殖民地原住民争取独立的斗争。有些国家，例如利比亚和菲律宾，在没有经过太多斗争的情况下就获得了独立。而其他地方，如印度、越南、阿尔及利亚和肯尼亚，经过了一番战斗之后才获得民族独立。

法国为了继续控制中南半岛，发动了 1946 年到 1954 年的越法战争。

1930 年，甘地带领数千人进行"食盐进军"，一路徒步到海滨，以抗议英国提高盐税。

印度

20 世纪初，印度国民大会党领导了一场全国性的独立运动。在莫汉达斯·甘地的领导下，国大党组织了非暴力抗议活动，包括罢工、示威和抵制英国商品。1947 年，印度终于获得了独立。在激烈的暴力冲突中，这个国家分裂成了信仰印度教的印度和信仰伊斯兰教的巴基斯坦。

东南亚

在二战中，日本发动了大规模侵略战争，占领了东南亚的大片领土。战后，东南亚的广大人民纷纷掀起了民族独立运动，让战后殖民大国重建他们的统治的努力遭遇了困难。英国不得不同意从缅甸撤军，并在与马来游击队斗争失利后，也从马来半岛撤军了。荷兰也授予了荷属东印度群岛独立地位。

缅甸在签署《彬龙协定》后从英国赢得独立 1948 年

印度从英国赢得独立，分为两个国家：印度（以印度教徒为主）和巴基斯坦（以穆斯林为主） 1947 年

经过 4 年的游击战争，印度尼西亚从荷兰赢得独立 1950 年

菲律宾从美国赢得政治独立，尽管美国在此保留了几十个军事基地，并仍对这个岛国实行一定的经济控制 1946 年

非洲

第二次世界大战后，受过良好教育的非洲人形成一个新阶层，这个阶层开始领导人民追求独立。1951年，前意大利殖民地利比亚率先实现了独立。阿尔及利亚在与法国抗战8年之后也获得了独立。到1965年，几乎所有的非洲殖民地都实现了独立。但是，有两个国家还是由少数白人继续掌权：罗得西亚和南非。罗得西亚1980年成为津巴布韦，结束少数白人掌权的统治；南非在纳尔逊·曼德拉的领导下，在1994年实现了多种族的民主。

在南非，非洲人国民大会（非国大）的活动家纳尔逊·曼德拉于1964年被监禁，1990年获释，并于1994年成为该国第一位民主选举的总统。

中东

第一次世界大战后，奥斯曼帝国解体，领土被欧洲列强瓜分。英国控制了埃及、伊拉克、巴勒斯坦和几个小国，法国控制了叙利亚和黎巴嫩。民族主义起义使埃及（1922年）、伊拉克（1932年）、黎巴嫩（1943年）和叙利亚（1946年）获得独立。英国在巴勒斯坦的统治于1948年结束，之后这里成立了犹太人的国家——以色列。

1919年，埃及民族主义者抗议英国的统治。

1961年 葡萄牙在非洲的各殖民地开始进行解放战争

1983年 截至此时，巴哈马、格林纳达、多米尼加、圣卢西亚、圣文森特和格林纳丁斯、安提瓜和巴布达、伯利兹、圣基茨和尼维斯已从英国独立出来

牙买加、特立尼达和多巴哥从英国赢得独立

1962年 **1966年** 圭亚那和巴巴多斯从英国赢得独立

1963年 在民族主义者"茅茅"起义后，肯尼亚从英国赢得独立

1962年 经历了8年艰苦的斗争之后，阿尔及利亚从法国赢得独立

1960年　　1970年　　1980年　　1990年　　2000年　　2010年

中东冲突

中东原油的发现给统治阶层的精英们带来了财富，也导致依赖原油的西方政府试图在该地区施加政治影响。该地区许多人认为这是一种新形式的殖民主义。20世纪50年代，反对西方的民族主义政权席卷埃及、叙利亚和伊拉克。但他们并没有给自己的国家带来繁荣，只带来了持续不断的战争和冲突。

叙利亚城市科巴尼遭受极端组织的汽车炸弹袭击，发生爆炸。

萨达姆·侯赛因的雕像在2003年伊拉克被入侵后被推翻。

伊拉克

在萨达姆·侯赛因的统治下，伊拉克于1980年入侵伊朗，引发了一场长达8年的两伊战争。1990年，萨达姆入侵科威特，但被以美国为首的军队驱逐出来。2003年，以美国为首的联合部队入侵伊拉克，萨达姆被赶下台，之后，伊拉克国内就进入了混乱和内战的时期。极端组织"ISIS"趁乱在2014年占领了该国大部分地区。

叙利亚

巴沙尔·阿萨德政权与政治反对派经常产生摩擦。从2011年开始，叙利亚政府与反对派爆发了持久的冲突，整个国家迅速陷入内战。

1905年 伊斯兰教逊尼派中兴起保守的"萨拉菲运动"

1906年 "全印穆斯林联盟"建立，支持建立一个独立的以穆斯林为主的国家巴基斯坦

1922年 埃及从英国独立

1922年 土耳其民族主义者占领了土耳其，终结了有600年历史的奥斯曼帝国

1928年 哈桑·班纳建立了"穆斯林兄弟会"，致力于埃及的伊斯兰改革

1931年 耶路撒冷举行"世界伊斯兰大会"

1932年 伊拉克获得独立

1900年　1910年　1920年　1930年　1940年

在 1979 年革命期间，伊朗人高举他们的新领导人阿亚图拉·霍梅尼的照片。

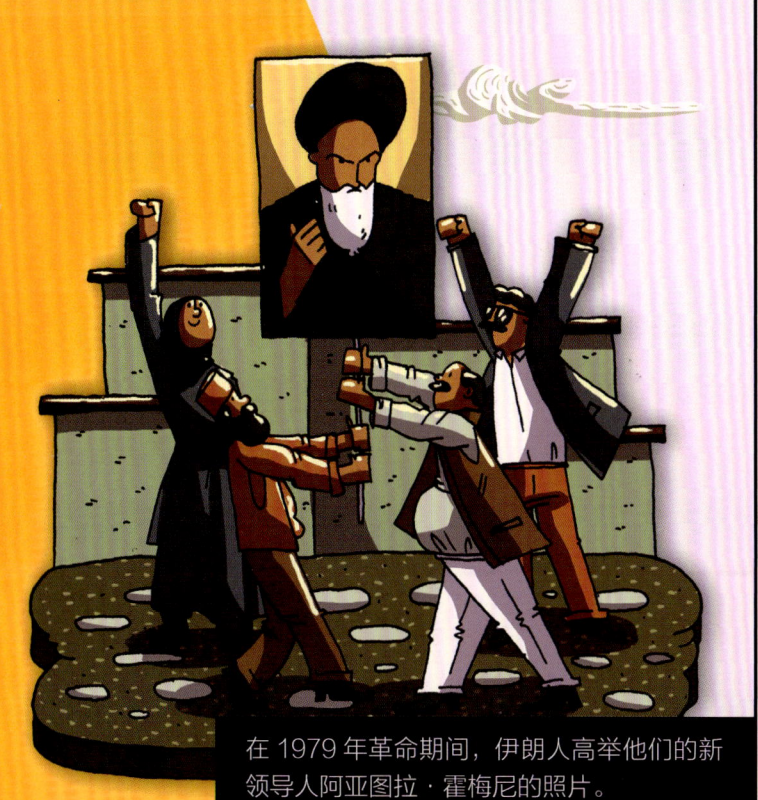

伊朗

伊斯兰主义是伊朗内部的一种宗教和政治活动，直到 1979 年，伊斯兰主义者在伊朗夺取政权时才首次引起世界的注意。

以色列／巴勒斯坦

自 1948 年犹太人在巴勒斯坦地区建立以色列以来，犹太人和巴勒斯坦人（该地区的阿拉伯居民）从未停止对该地区的争夺。以色列跟相邻的几个阿拉伯国家之间进行了无数次防御战争，并在约旦河西岸和加沙地带等有争议的领土上遭遇了巴勒斯坦组织的两次大起义。和平进程始于 20 世纪 90 年代，但冲突不断，一直到 21 世纪也没有结束的迹象。

2000 年—2005 年第二次巴勒斯坦大起义期间的巴勒斯坦战士。

1941 年 艾布·阿拉·毛杜迪创立了"伊斯兰促进会"，是"穆斯林兄弟会"在南亚的对等组织

1945 年 "阿拉伯国家联盟"在埃及开罗成立

1956 年 苏伊士运河危机：埃及控制苏伊士运河后，以色列、法国和英国对埃及发起联合攻击

1967 年 六日战争：以色列击败其阿拉伯邻国（埃及、约旦、叙利亚），并进行大规模领土扩张

1979 年 伊朗革命

1980 年—1988 年 两伊战争

1950 年　　　1960 年　　　1970 年　　　1980 年　　　1990 年

健康与疾病

从 1900 年以来，由于饮食改进和医疗进步，人类健康有了显著改善。具有里程碑意义的进展包括开发了治疗细菌性疾病的抗生素、治疗病毒性疾病的疫苗、器官移植和人体内部的三维扫描。随着人们旅行范围越来越广，疾病的传播也跨越了大洲大洋。1918 年的流感疫情是有史以来最致命的一次，造成 5000 万到 1 亿人丧生。

1952 年，小儿麻痹症的流行刺激了索尔克研发疫苗。索尔克在自己、妻子和三个儿子身上测试了疫苗。

苏格兰科学家亚历山大·弗莱明爵士在培养皿内培养霉菌时意外地发现了青霉素。

美国

20 世纪 40 年代，随着功能更强大的显微镜的发明，生物学家们开始研究病毒。美国医生乔纳斯·索尔克研制出一种对抗小儿麻痹症的疫苗。1953 年，麻醉师弗吉尼亚·阿普加引入了"阿普加评分"法来评估新生儿的健康状况。20 世纪六七十年代，莫里斯·希勒曼开发出对抗麻疹、腮腺炎、风疹、水痘、细菌性脑膜炎和乙肝的疫苗。

欧洲

1901 年，奥地利人卡尔·兰茨泰纳区分了主要的血型，使医生为病人输血更安全。几年后，弗雷德里克·霍普金斯和卡西米尔·芬克发现了维生素。首批抗菌药物的开发者是德国科学家保罗·埃尔利希和格哈德·多马克，用于治疗梅毒、肺炎和脑膜炎等疾病。

| 1902 年 | 英国生理学家斯塔林和贝利斯发现了第一种激素 |
| 1928 年 | 苏格兰生物学家亚历山大·弗莱明爵士发现青霉素，为抗生素的开发铺平了道路 |

1918 年—1920 年　流感大流行

美国外科医生用他发明的人工心肺机革新了心脏手术　1953 年

1900 年　1910 年　1920 年　1930 年　1940 年　1950 年

薇拉·格德罗伊茨（1870年—1932年）是俄国第一位女外科医生。

俄罗斯

20世纪20年代，心理学家布卢马·蔡加尼克发现，人们对未完成的工作的记忆要优于已完成的工作的回忆，这被称为"蔡加尼克效应"。尼古拉·科罗特科夫通过钻研血管手术，发明了一种测量血压的新方法。1919年，苏联外科医生弗拉基米尔·沙莫夫完成了世界上首例从刚去世的捐赠者身上进行采血的输血。1930年，谢尔盖·尤金建立了世界上第一个血库。20世纪30年代后期，外科医生尤里·沃罗诺伊和弗拉基米尔·德米霍夫进行了世界首例器官移植手术。

非洲

20世纪以来，世界上出现了许多源于非洲热带丛林的新型疾病。这些疾病包括艾滋病、埃博拉出血病、马尔堡病、汉坦病毒肺综合征、莱姆病、拉沙热和立夫特山谷热。这可能是因为人口扩张，人类居住到了以前的无人区，那些森林动物遭受的疾病现在跨越物种传染给了人类。

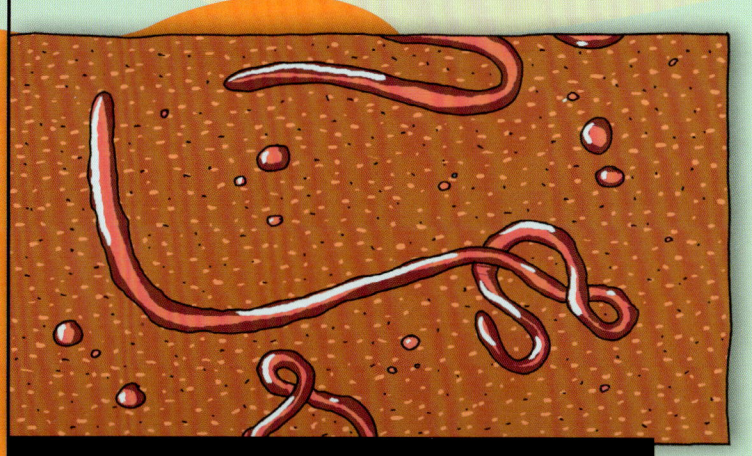

通过显微镜观察到的埃博拉病毒。在西非爆发的埃博拉疫情（2013年—2016年）导致超过11000人死亡。

1967年	南非外科医生克里斯蒂安·巴纳德进行了首例成功的心脏移植手术	
	美国纽约的外科医生对法国斯特拉斯堡的一名患者进行了首例远程手术	2001年
1969年	英国电气工程师戈弗雷·豪斯菲尔德发明了CT扫描仪（电子计算机化的X射线断层扫描仪）	
1978年	世界上第一例试管婴儿路易丝·布朗出生在英国	
	首例全脸移植手术在西班牙进行	2010年
1979年	天花被消灭了	
	日本科学家率先用干细胞培育出了完整肝脏	2013年
1981年	美国发现首例艾滋病病例，此后艾滋病在全球流行	

1960年　1970年　1980年　1990年　2000年　2010年

环境挑战

从 19 世纪初开始的工业化浪潮对地球环境产生了严重影响。肉眼可见的影响包括空气和水污染、沙漠面积扩大、森林面积退化和物种灭绝。潜在的也是最严重的长期影响是全球变暖，或称温室效应。自 1970 年以来，全球环境保护工作不断加强，已经就减少二氧化碳等温室气体排放等内容达成了国际协议。

美国

世界上最早的环保主义者中有不少是美国人，包括吉福德·平肖、约翰·缪尔和奥尔多·利奥波德，他们致力于自然保护事业。蕾切尔·卡森于 1962 年出版的《寂静的春天》一书描述了杀虫剂 DDT 的危害，推进了现代环保运动。然而，直到今天，美国仍然是世界上最大的污染来源国之一。2014 年，美国人均二氧化碳排放量高达 16.5 吨。

美国总统西奥多·罗斯福与约翰·缪尔（右）在一起。约翰·缪尔是世界上最早的环保组织之一塞拉俱乐部的创始人。

北极

全球变暖的影响在北极最为明显。气温升高导致海面浮冰流失和格陵兰冰盖融化。这已经威胁到了北极熊、海龟和露脊鲸等物种。全球变暖甚至还可能导致温室气体甲烷的增加——一旦封存甲烷的永久冻土层消释。

北极地区的海面浮冰融化得一年比一年早，使北极熊更难捕获海豹。

- 1909 年 美国总统西奥多·罗斯福发起召开了"北美自然资源保护会议"
- 1916 年 美国总统伍德罗·威尔逊创立"美国国家公园管理局"
- 1919 年 英国林业委员会成立，增加林地数量
- 1948 年 "世界自然保护联盟"成立
- 1948 年 奥尔多·利奥波德出版了一本影响深远的关于自然保护的书《沙乡年鉴》

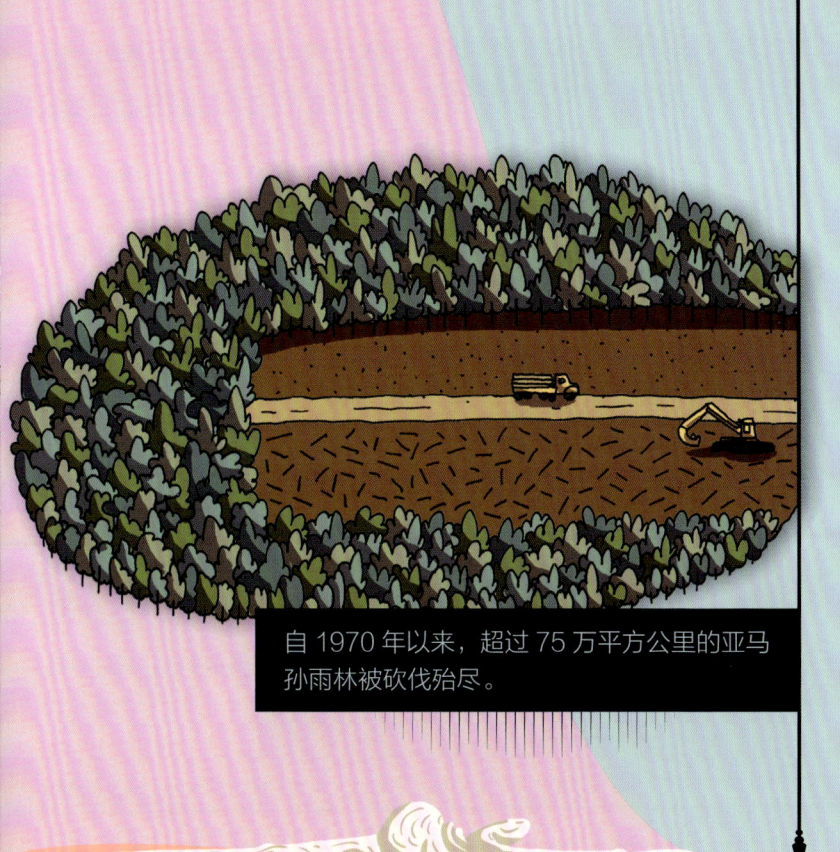

南美洲

亚马孙雨林面积有 700 万平方公里。世界上有 30% 的物种生活在那里，很多植物可做药用，这里也是许多土著族群的家园。然而，亚马孙雨林森林退化率最高。人们砍伐树木获取木材，将林地变成牧场养牛或变成耕地种植谷物。自 2004 年以来，森林退化速度有所放缓，但雨林面积仍在减少。

自 1970 年以来，超过 75 万平方公里的亚马孙雨林被砍伐殆尽。

中国

从 20 世纪 70 年代以来，中国的快速发展带来了一定的环境负担，许多城市遭受了严重的水污染和空气污染。1992 年，中国政府开始施行可持续发展战略，将保护环境、节约资源放在重要位置。2003 年，中国政府提出了科学发展观，致力于建设一个资源节约型、环境友好型社会。

- 1970 年　美国各地数千万人参加了第一个"地球日"活动
- 1971 年　国际性环境保护组织"绿色和平组织"成立
- 1982 年　国际捕鲸委员会全面禁止商业捕鲸
- 1987 年　禁止破坏臭氧层的国际协定书签署
- 1997 年　缔约国通过减少温室气体排放的国际协议：《京都议定书》
- 2006 年　加利福尼亚州成为美国第一个立法规定温室气体排放量上限的州
- 2007 年　欧盟承诺：到 2020 年实现温室气体排放量减少 20%
- 2016 年　194 个缔约国签署了自愿减少温室气体排放的《巴黎协定》
- 2017 年　美国退出《巴黎协定》

1960 年　1970 年　1980 年　1990 年　2000 年　2010 年

科学与技术

自1900年以来，科学技术取得了令人瞩目的成就。成千上万的科学家专注于更加专业化的领域，政府和企业则花费巨资用于科研。电子邮件和互联网的发展使科学家们交流信息更为快速方便。

1996年，苏格兰罗斯林研究所的一个研究小组用一只成年羊的体细胞克隆出了世界上第一只哺乳动物——一只名叫多莉的绵羊。

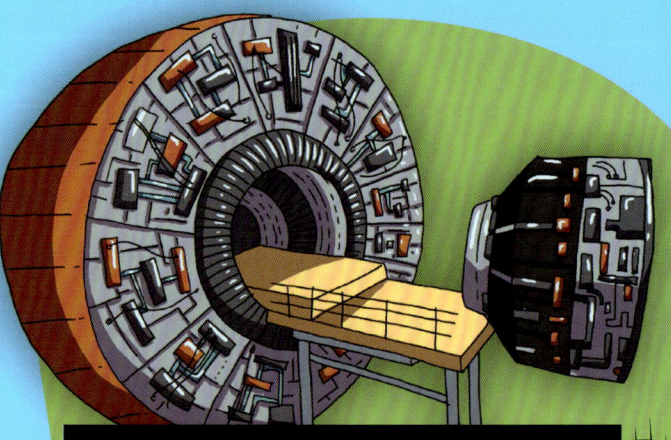

2013年，大型强子对撞机证明了一种新粒子——希格斯玻色子的存在。

英国

英国在许多技术领域处于领先地位：约翰·洛吉·贝尔德发明了第一个可运作的电视系统，罗伯特·沃森·瓦特发明了雷达，蒂姆·伯纳斯·李发明了万维网。在剑桥大学，分子生物学家詹姆斯·沃森和弗朗西斯·克里克在化学家罗莎琳德·富兰克林的帮助下，阐明了遗传信息载体DNA的结构。

欧洲

德国物理学家阿尔伯特·爱因斯坦用他的狭义相对论和广义相对论改造了物理学，表明空间和时间是相关的，而重力是时空的扭曲。20世纪20年代，海森伯和薛定谔发展了量子理论，揭示了亚原子世界的物理原理。大型强子对撞机（LHC）建于21世纪，用于物理实验，解答物理学中尚未解决的问题。

1903年 美国发明家莱特兄弟实现了动力飞行

苏格兰科学家罗伯特·沃森·瓦特研制出雷达装置 **1935年**

1942年—1945年 美国一个科学家小组研制出原子弹

1905年 爱因斯坦提出了他的狭义相对论

1929年 美国天文学家埃德温·哈勃发现了星系的本质和宇宙膨胀的现象

美国发明家李·德福雷斯特研制发出电子管 **1907年**

1913年 丹麦物理学家尼尔斯·玻尔提出了原子结构模型

美国科学家约翰·巴丁、威廉·肖克莱和沃尔特·布拉顿研制出晶体管 **1947年**

1900年　1910年　1920年　1930年　1940年　1950年

美国

莱特兄弟发明了第一台比空气重的飞行器。李·德福雷斯特的电子管是早期无线电、雷达、电视机和计算机系统的关键元件,后来被另一项美国发明——晶体管取代。阿帕网是互联网的前身,创建于 20 世纪 60 年代。美国国家航空和航天局的科学家将火箭和探测器送入太空,帮助人类首次登上月球。

21 世纪初,美国公司谷歌开始开发无人驾驶汽车。

苏联

20 世纪 40 年代,伊戈尔·西科尔斯基设计出世界上第一架可批量生产的直升机"西科尔斯基 R-4"。第一座核电站是 1954 年在奥布宁斯克建造的。第一颗人造卫星"斯普特尼克 1 号"于 1957 年发射。两年后,"月球 1 号"成为第一颗脱离地球轨道的航天器,也是第一颗人造行星。1961 年,尤里·加加林成为第一个进入太空的人。

加加林乘坐宇宙飞船"东方 1 号"绕地球飞行了一周。

1953 年	美国科学家沃森在英国实验室和英国科学家克里克合作,阐明了 DNA 结构
1957 年	苏联发射人造卫星"斯普特尼克 1 号"
1961 年	苏联宇航员尤里·加加林成为太空第一人
1969 年	美国宇航员尼尔·阿姆斯特朗登陆月球
1973 年	中国科学家袁隆平培育出的杂交水稻品种"南优 2 号"取得了巨大的成功
1981 年	美国科技公司 IBM 发布了第一台个人电脑
1990 年	美国国家航空和航天局把哈勃太空望远镜送入太空
2012 年	"旅行者 1 号"成为第一个进入星际空间的探测器
2014 年	由罗塞塔太空探测器发射的"菲莱"着陆器是第一个在彗星上软着陆的航天器

1960 年   1970 年   1980 年   1990 年   2000 年   2010 年

艺术

现代艺术始于 19 世纪后半叶，一直延续到 20 世纪 70 年代，这是艺术家摒弃传统、尝试新风格的时期。艺术从具象（表现事物的外观）转向抽象（通过形状、颜色和纹理达到效果）。

毕加索的《三个音乐家》是一幅立体主义绘画，有点像用剪纸组合而成的复杂拼图。

格兰特·伍德著名的画作《美国哥特式》，画中描绘的一对夫妇是伍德的姐姐和牙医。

欧洲

20 世纪早期的艺术流派包括野兽派、立体主义、表现主义、未来主义、达达主义和超现实主义。当时最具影响力的艺术家包括巴勃罗·毕加索、亨利·马蒂斯和马塞尔·杜尚。20 世纪 90 年代，包括达明·赫斯特和特蕾西·埃敏在内的英国青年艺术家开始崭露头角。

美国

约翰·马林和乔治娅·奥基夫等艺术家的绘画风格是现代主义。后来，格兰特·伍德和爱德华·霍珀创作了一些表现美国城乡的具象绘画。第二次世界大战以后，纽约艺术家杰克逊·波洛克和马克·罗思科以一种新的风格——抽象表现主义获得了国际赞誉。20 世纪 60 年代，波普艺术家安迪·沃霍尔在画布上复制流行文化中的日常用品。

| 1902 年 | 保罗·塞尚创作《圣维克图瓦山》 | 达达主义 | 1919 年—1924 年 | 1924 年—1939 年 超现实主义 |

野兽派 1904 年—1908 年　1909 年—1910 年　亨利·马蒂斯创作《舞蹈》，现代类型的洞穴壁画　1913 年—1930 年 结构主义　抽象表现主义 1949 年—1955 年

巴勃罗·毕加索创作了立体主义的早期作品《亚威农少女》　1907 年　1907 年—1919 年　立体主义和原始主义　1915 年 卡济米尔·马列维奇创作《黑方块》，这是抽象艺术的极端形式

1905 年—1930 年 表现主义　1917 年 马塞尔·杜尚作品《泉》，作品是一个在展厅摆放的小便器，该作品改变了艺术的意义

1900 年　1910 年　1920 年　1930 年　1940 年　1950 年

苏联

结构主义艺术流派是1913年在俄国创立的，它利用无意识的物体创造出抽象的结构形式，在苏联早期成为一种占主导地位的艺术形式。在1934年，结构主义被社会主义现实主义正式取代。社会主义现实主义风格总是具象的（不是抽象的），它始终以积极乐观的笔触展现苏联的日常场景。它将普通工人的生活浪漫化，无论他们是在工厂还是在农场，绘画从未表现过伤感或忧愁的场景。它的目的是向苏联公民展示他们可以成为和应该成为的样子。

这是一幅社会主义现实主义绘画，画中革命领袖列宁和村民们在一起。

迭戈·里韦拉的一幅壁画，展示了阿兹特克的特诺奇蒂特兰市。

拉丁美洲

拉丁美洲的艺术受到俄国结构主义流派极大的影响，艺术家将无意识的物体加以结合，形成抽象的艺术作品。另一个本土的艺术运动是墨西哥壁画运动，即创作带有民族主义政治信息的大型壁画，壁画运动始于墨西哥革命之后。20世纪20年代，墨西哥艺术家弗丽达·卡洛开始用超现实主义的风格描绘墨西哥传统文化场景。

1954年—1985年	波普艺术
20世纪70年代起	涂鸦艺术家用喷雾罐和镂空喷漆模板创作都市街头艺术作品
20世纪八九十年代	投影艺术家将他们的艺术投射到不同物体的表面上，包括建筑物的表面
21世纪	新波普艺术家，比如杰夫·昆斯，用流行文化符号进行艺术创作
1922年—1969年	社会主义现实主义
1972年—1994年	影像艺术
20世纪90年代	身体艺术家以自己的身体为画布
20世纪20年代—70年代	墨西哥壁画运动
1988年	英国青年艺术家开始在伦敦举办联展
1999年	反概念主义者倾向于回归具象绘画

1960年　1970年　1980年　1990年　2000年　2010年

全球化

自15、16世纪的欧洲探险时代以来，世界各地之间的联系越来越紧密。在20世纪末、21世纪初，由于贸易壁垒的减少、交通运输成本的降低以及互联网技术的进步，全球化进程的速度加快。各国越来越紧密地合作，共同应对气候变化、流行疾病、毒品贸易和恐怖主义等挑战。

美国

2007年至2008年，银行业的危机导致了自1945年以来最严重的经济衰退，对全球化构成了重大挑战。尽管美国政府竭力刺激经济，但未能实现经济的全面复苏，工资水平停滞不前。许多人把问题归咎于远离人民的政客、华尔街银行、全球化和移民潮。

唐纳德·特朗普

2016年，亿万富翁、电视真人秀明星唐纳德·特朗普，借着当时国内民众的不满情绪当选美国总统。

欧洲

20世纪50年代，几个欧洲国家组成了一个贸易集团，即"欧洲经济共同体"。后来，欧共体成了欧洲联盟（欧盟），建立了一个中央银行，使用一种共同的货币：欧元。当2008年全球经济衰退来袭时，欧盟内部人员可自由流动的这一原则导致欧盟内部关系紧张。民粹主义政党要求加强对外国移民的控制。2016年，英国作为1973年加入欧盟的成员国，全国公投决定退出欧盟。

1993年，《马斯特里赫特条约》正式生效，欧洲联盟成立。

世界银行成立 **1944年**

联合国成立，目的是促进国际和平与合作 **1945年**

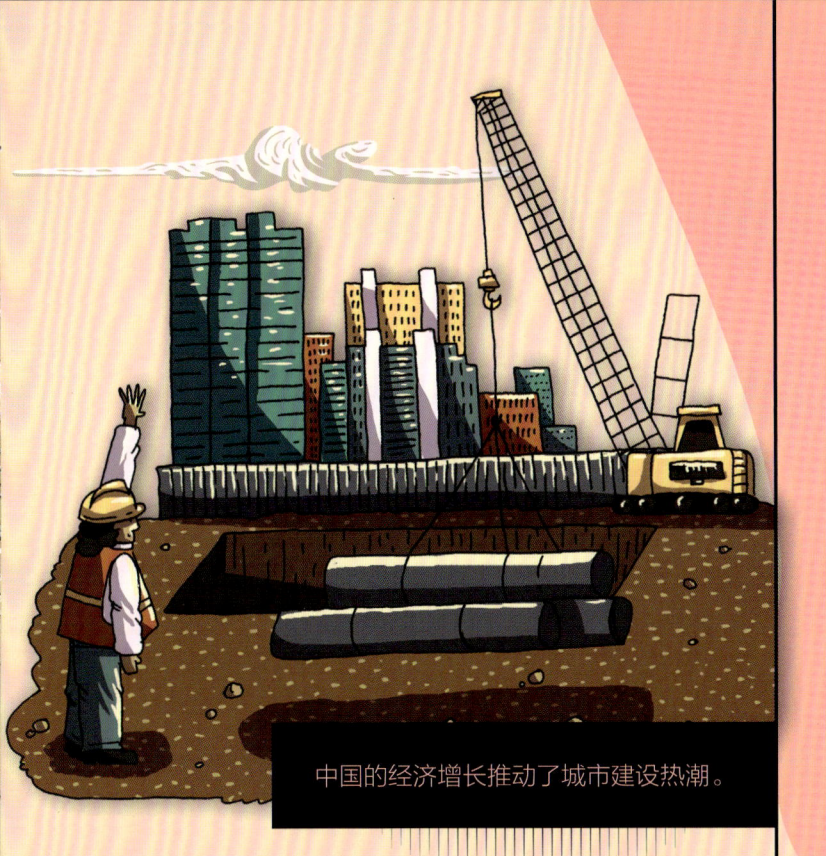

中国

中国是从全球化中获益最多的国家之一。从 1980 年到 2010 年，中国经济发展平均速率超过 9%。中国现在是世界上最大的商品出口国，也是仅次于美国的第二大经济体。

中国的经济增长推动了城市建设热潮。

非洲

全球化对非洲有利也有弊。更多的国家到非洲投资，有利于创造就业机会，建设基础设施。然而，投资所创造的财富并不一定会回馈当地。此外，全球化已经导致许多非洲国家人才流失，因为很多掌握技术、受过教育的人移居到了欧洲和北美等地。

移动设备和互联网使世界各地的人们更加紧密地联系在一起。

- 1991 年 万维网的建立使全球即时通信成为可能
- 2007 年—2008 年 银行业危机导致全球经济衰退
- 1989 年 "亚洲太平洋经济合作组织"成立
- 1994 年 "北美自由贸易协议"生效
- 1958 年 6 个欧洲国家组成"欧洲经济共同体"
- 1993 年 欧洲联盟的建立加强了欧洲各国之间的经济和政治联系
- 1995 年 为了促进自由贸易，"世界贸易组织"成立

1960 年 … 1970 年 … 1980 年 … 1990 年 … 2000 年 … 2010 年

术语索引

冷战·················4
在1945至1991年间，苏联和美国以及其各自阵营之间存在的一种非战争的对抗状态。

中立·················7
处于对立的双方之间，不倾向于任何一方。

停战协议···············7
战争中的冲突双方达成的在一定时期内停战的协议。

股票·················8
也称股份，一家公司的所有权平均分成相等的份额。公司股票可在股票市场上买卖。

崩盘·················8
指股票、期货等市场行情短期内持续大跌。

棚户区················8
城镇郊区的贫民区，一般由众多的棚屋或低矮简陋的住房组成。

纳粹·················8
第一次世界大战后兴起的德国民族社会主义工人党，是以希特勒为首的最反动的法西斯主义政党。

法西斯················9
指法西斯主义，一种最反动最野蛮的独裁制度和思想体系，对内实行恐怖统治，对外实行武力侵略和民族压迫。起源于意大利独裁者墨索里尼的法西斯党。

军国主义···············9
把国家完全置于军事控制之下，一切都为侵略和战争服务的思想和政策。对内实行法西斯军事独裁，扩军备战，向人民灌输侵略思想，强迫人民服兵役。对外掠夺，干涉别国内政，发动侵略战争。

共产主义···············9
一种理想的社会制度。在共产主义社会，生产力高度发达，物质财富极大丰富，人们具有高度的思想自觉，分配原则是"各尽所能，按需分配"。

统一战线··············11
几个阶级或几个政党为了某种共同的政治目的结成的联盟，如抗日民族统一战线。

原子弹···············11
核武器的一种，利用铀、钚等原子核分裂所产生的巨大能量进行杀伤和破坏。爆炸时产生冲击波、光辐射、贯穿辐射和放射性沾染。

集中营···············11
帝国主义国家或反动政权把政治犯、战俘或掳来的非交战人员集中起来监禁或杀害的地方。

罢工················14
一般指工人为实现某种要求或表示抗议而集体拒绝工作。

游击队···············14
一个独立的小型团队，通常对抗规模超过自身的正规军队。

抗生素··················18
某些微生物或动植物所产生的能抑制或杀灭其他微生物的化学物质，如抗菌用的青霉素。多用来治疗人或禽畜的传染病。

器官移植················18
一种将一个健康的器官移植到另一个人的身体上以代替患病的器官而进行的外科手术。

人工心肺机··············18
在外科手术中，暂时维持心肺循环功能的机器。

CT 扫描仪···············19
一种由电脑控制X射线，显示人体的断层平面图像的医学仪器。

试管婴儿················19
通过体外受精（在试管内或者子宫之外的其他地方受精）培养的婴儿。

干细胞··················19
有机体的一种细胞，能分裂出更多的同类细胞。

温室效应················20
即大气保温效应。由于大气中某些气体含量增加，导致地表和大气下层温度增高，使地表与大气下层形成一种类似于栽培农作物的温室，故名温室效应。

可持续发展··············21
指自然、经济、社会的协调统一发展，这种发展既能满足当代人的需求，又不损害后代人的长远利益。

克隆····················22
复制出基因完全相同的有机体。

雷达····················22
检测入侵的航天器、舰船或其他物体的出现、方向、距离和速度的系统。其工作原理是：发射无线电脉冲，无线电脉冲遇到目标物会反射回来。

DNA·····················22
脱氧核糖核酸，存在于所有有机体体内的一种携带遗传信息的有机化合物。

野兽派··················24
20世纪初在法国兴起的一个画派，强调绘画要表现主观感受，多用大色块和线条构成夸张变形的形象，以求得"单纯化"的装饰效果。

达达主义················24
现代西方文艺流派，"达达"表示"毫无意思""无所谓"，对文化传统、现实生活、艺术规律采取极端反叛的态度。

波普艺术················24
20世纪60年代风行于美国和英国的主要艺术流派之一，此派大多将社会上流行的形象，如电影电视中所谓时髦的形象，各类广告设计图案等，运用到美术作品中，多使用各种塑料、霓虹灯和发光的颜料等作为材料。